Impressions d'Espagne

PAR

le Docteur Gilbert LASSERRE

SECRÉTAIRE GÉNÉRAL DE LA SOCIÉTÉ DE GÉOGRAPHIE DE BORDEAUX

CHARGÉ DE MISSION EN ESPAGNE

Extrait des *Bulletins de la Société de Géographie Commerciale de Bordeaux*
des 3-17 avril, 1er mai, 3-17 juillet et 4-18 septembre 1905,
nos 7-8-9-13-14-17-18.)

BORDEAUX
Imprimerie Commerciale et Industrielle, 56, rue du Hautoir
—
1905

Impressions d'Espagne

I

Le voyageur, qui de Saint-Sébastien se rend à Madrid par la ligne du chemin de fer du Nord de l'Espagne, ne manque pas d'être frappé depuis Vitoria de l'aspect du pays traversé.

Tout ce plateau de la Vieille Castille jusqu'à la Sierra de Guadarrama présente un aspect désolé, désertique, avec ses monts et ses pics dénudés, variant de la teinte grise à la teinte jaune violacée, dont les rochers de carton-pâte des jouets d'enfant donnent assez bien la représentation.

De ci, de là, quelques bouquets de chênes-lièges ou de pins viennent rompre la monotonie de ces immenses blocs de rochers, cailloux gigantesques que semblent avoir répandus au hasard d'un déversement quelconque des populations disparues de titans. Cette immense solitude résulte de la disparition quasi-totale des forêts recouvrant autrefois ces régions, victimes des hommes et des animaux. Avec cette croyance que les oiseaux étaient nuisibles à l'agriculture, les habitants leur enlevaient leurs refuges afin de les mieux éloigner ; les troupeaux de chèvres broutant les jeunes pousses par bandes considérables ont aidé les hommes dans leur œuvre de destruction. Toutefois, depuis Avila jusque vers Madrid, sur les flancs septentrionaux du Guadarrama, il subsiste de vastes étendues boisées ; le chêne et le pin s'y rencontrent en abondance, sur un sol recouvert d'une mince végétation herbacée, ce qui suffit à éloigner la comparaison que de prime abord on serait tenté de faire de ces forêts avec celles de nos Landes de Gascogne. Dans celles-ci, en effet, le sol recouvert d'une abondante végétation de fougères, de bruyères, d'ajoncs, éléments constants de la propagation des incendies, donne à la nature un aspect tout particulier que l'on ne retrouve plus en Espagne où chaque arbre est si bien isolé de ses voisins.

Il est cependant un fait par où s'établit le rapprochement que l'allure générale avait fait écarter, c'est le procédé d'exploitation de ces forêts dépendant du domaine du marquis de Medinacelli.

Les arbres à résine, tout comme dans notre Sud-Ouest e dans les autres pays où ils croissent en abondance, sont une source de revenus pour la propriété. Par des procédés divers, variant avec l'essence et les usages, on extrait cette résine dont les produits sont aujourd'hui si universellement utilisés.

En Gascogne, le pin maritime est soumis à une exploitation régulière au moyen d'entailles faites sur le tronc, dont on coupe l'écorce avec une hache spéciale limitant la profondeur de la plaie au niveau des canaux sécréteurs.

La résine qui s'écoule ainsi à l'extérieur est recueillie dans de petits récipients en terre, affectant la forme de pots à fleurs. Qui n'a été frappé dans le cours d'une excursion dans nos Landes, ou simplement en les traversant en chemin de fer, de Bordeaux à Bayonne, de la physionomie particulière de tous ces arbres auxquels sont accrochés un ou plusieurs récipients, suivant leur taille et leur âge ?

Dans la forêt espagnole en question on constate le même fait, d'où le rapprochement signalé plus haut. Les pins, qui sont ici des pins sylvestres, sont exploités de la même façon ; chacun porte ses entailles anciennes ou récentes et l'on peut voir la résine sécrétée qui s'écoule dans des pots semblables et semblablement adaptés à l'arbre.

Celui qui, après quelques heures, a quitté nos fertiles vallées ou nos Landes, plus pittoresques qu'on ne se plaît à le croire, et dont l'esprit se livre à la comparaison en présence d'un spectacle si différent, a un moment l'illusion qu'il est revenu en arrière et que la belle France l'environne de son ambiance si douce.

Mais, à l'horizon, se profilent les sommets déchiquetés des

chaînes hispaniques, dans les vallées courent les torrents à sec qui ramènent à la réalité, en même temps que la voix traînante et chantante du chef de train : «Senores viajores en tren », rappelle au touriste qu'il foule le sol d'un pays dont les valeureux fils ont étendu leur domination sur la plus grande partie de l'Europe et sur l'Amérique tout entière.

Les souvenirs se pressent et, comme dans un intime cinématographe, le cerveau voit se dérouler l'histoire si remarquable de ce peuple sobre, fier et vaillant.

II

Les oliviers ne sont pas rares en Espagne, on les rencontre en groupes plus ou moins étendus; parfois ils forment de véritables agglomérations. S'ils ne s'élèvent pas au-delà d'une certaine altitude variant suivant les conditions climatériques dues tant à la nature du sol qu'à l'élévation des montagnes environnantes, on les rencontre des Pyrénées à l'extrême sud et de l'Atlantique à la Méditerranée.

Quoi qu'il en soit, la culture de cet arbre, tantôt de belle venue, tantôt plus ou moins rabougri, est générale dans la péninsule. Que ce soit dans les provinces du Nord ou dans celles du Midi (Valence, Murcie, Andalousie), les procédés de cueillette des olives sont les mêmes, c'est-à-dire très primitifs; les procédés d'extraction sont semblables dans leur défectuosité. Aussi le produit se ressent-il vivement de ces pratiques surannées.

Au lieu de cueillir les olives au fur et à mesure de leur maturité pour les soumettre à la presse, suivant les procédés en usage en Provence, on attend, en Espagne, que la presque totalité des olives soient mûres; or, la période de maturation dure environ cinq mois. Les fruits sont alors abattus à la gaule, puis étendus au soleil pour que les moins avancés mûrissent; il en résulte qu'une partie de la récolte est trop avancée, a subi un commencement de fermentation quand l'ensemble est porté au moulin.

De là, ce goût particulier si désagréable à nos palais et cette odeur spéciale qui se manifeste dans toutes les maisons espagnoles et rend si désagréable la promenade même dans les rues des villes. Combien la Puerta del Sol gagnerait à être débarrassée de ces senteurs âcres, qui étonnent d'une manière si désagréable les étrangers!

Les Espagnols apprécient fort leur huile d'olive et la préfèrent à nos huiles françaises; c'est bien possible, c'est certain même, puisque nous avons entendu soutenir cette opinion en Espagne, et la perversion du goût est un fait bien connu chez ceux qui sont habitués à certains aromes. Mais il ne faudrait certainement pas longtemps pour amener des appréciations contraires, car la faveur dont jouit la cuisine française à l'étranger est un argument indiscutable en faveur de nos produits, de leur préparation et de leur emploi.

De longtemps, nos producteurs d'huile n'ont pas à craindre la concurrence espagnole, mais il ne faut pas se leurrer d'un optimisme exagéré. Il viendra certainement un moment où les beaux oliviers de la péninsule feront concurrence aux chétifs oliviers des sols pierreux de la Provence.

Déjà, deux industriels de la région de Séville, dont un au moins est Français, font leurs récoltes suivant des procédés plus délicats; ils extraient l'huile comme le font nos fabricants; leurs produits ont perdu ce goût particulier qui n'est que d'un terroir factice et, déjà, on les apprécie comme il convient.

Sous la poussée du progrès commercial, avec le concours de nos agronomes, de nos praticiens, qui seront suivis par les cultivateurs du pays mieux éduqués en la matière, et avec un régime douanier destiné dans l'avenir à moins isoler les peuples les uns des autres, l'Espagne sera un grand centre de production d'huile d'olive avec lequel notre pays aura beaucoup à compter, et cela d'autant plus que la zone de culture et de fabrication est autrement étendue en Espagne qu'en France.

III

L'industrie du sucre s'est développée dans ces dernières années en Espagne d'une façon remarquable. Certains attribuent à la perte de Cuba l'essor de l'industrie dans la Péninsule, d'autres n'y voient que l'évolution toute naturelle des peuples arrivant plus ou moins tardivement dans le mouvement général commercial et industriel. Quoi qu'il en soit, il n'est pas douteux que l'Espagne, pour une cause ou pour une autre, nécessités locales, besoins du pays, régime douanier, développe beaucoup, depuis quelques années, ses productions agricoles et les moyens industriels de les utiliser.

Dix fabriques de sucre sont installées à Saragosse, elles sont alimentées par les betteraves à sucre cultivées sur une vaste échelle dans les terrains irrigués aux moments opportuns, soit par l'Ebre, soit par les canaux dont le plus important est le Canal Impérial.

Le blé et le maïs alternent avec ces cultures et permettent aux cultivateurs de tirer un produit sérieux de leurs terres, dont l'aspect dans la vallée de l'Ebre et aux bords de cette rivière rappelle tout à fait des rizières bien entretenues.

On conçoit sans peine ce que dix usines en pleine activité peuvent consommer de betteraves pour la production du sucre et quelle bonne fortune en est le résultat pour les populations du pays.

Le plus grand nombre de ces usines est entre les mains d'Allemands et de Français, des premiers surtout.

Les chefs d'atelier, les mécaniciens, les principaux ouvriers sont aussi de ces deux nationalités, le gros du personnel ouvrier seul étant composé de gens du pays.

Dans le dessein de diminuer les frais généraux, les Espagnols étant payés d'un salaire moins élevé que les étrangers, quelques industriels ont essayé de substituer totalement la main-d'œuvre locale à la main-d'œuvre importée, après avoir utilisé celle-ci pour la mise en marche ; mais le manque d'expérience professionnelle n'a pas tardé à se faire sentir et, dans bien des cas, il a fallu rappeler le personnel français précédemment congédié. Il n'est pas douteux toutefois que, dans un très proche avenir, il n'y aura plus de situations à rechercher pour nos ouvriers spéciaux, mécaniciens ou autres ; la fonction crée l'organe, l'industrie crée l'ouvrier et cela d'autant mieux que, dans toutes les branches de l'activité économique, on s'efforce de former en Espagne un personnel indigène qui ne laissera guère à nos concitoyens de situations à prendre.

Les ingénieurs-chimistes de l'industrie sont Français ou Allemands. L'Université de Saragosse a créé des cours et des travaux de chimie, dont le principal but est de permettre l'éducation d'un personnel de chimistes pour l'industrie. Ces leçons sont suivies, les professeurs sont actifs et l'on peut voir travailler avec une vraie passion les élèves dans les différents laboratoires, d'ailleurs bien aménagés.

L'aimable et savant doyen de la Faculté des Sciences, Don Paulino Saviron, professeur de chimie, nous a guidés dans la visite de l'Université, dont nous avons pu apprécier les belles proportions et l'intelligent aménagement.

Dans son laboratoire et dans ceux de ses collègues, nous avons été frappé de l'application des étudiants et du caractère vraiment pratique de l'enseignement. D'ailleurs, les professeurs sont d'autant plus au courant des besoins de l'industrie que tous (les professeurs de chimie sont au nombre de trois) sont directeurs scientifiques d'exploitations industrielles, sucreries ou mines.

Les chimistes trouveront cependant encore des places vacantes dans cette vaste Espagne, qui fait de grands et louables efforts pour se relever et développer son industrie, qui ne pourra réellement devenir florissante qu'à la suite de la multiplication des voies de communication et de l'accélération des moyens de transport.

De grands efforts, encouragés par le jeune souverain, sont faits au point de vue agricole. L'enseignement, de ce côté, est encore rudimentaire; nos ingénieurs agronomes, qui tiennent en Espagne une place des plus honorables et dont les connaissances sont très appréciées, peuvent trouver là-bas de quoi utiliser leurs connaissances; il y a encore pour eux de précieux débouchés, dont ils doivent savoir profiter.

IV

Nous ignorons généralement en France les progrès réalisés à l'étranger dans les spécialités dont nous avons été longtemps les seuls ou les principaux producteurs. Ce n'est point que les avertissements fassent défaut et que les rapports des voyageurs ou de nos agents consulaires n'aient souvent signalé les résultats obtenus ailleurs. Nous vivons sur notre réputation et il nous semble que, grâce à elle, nous devons rester invulnérables. Dans de telles conditions on sommeille avec tranquillité pour avoir ensuite un réveil pénible. C'est ce qui nous arrive pour les vins.

Les vins de France sont certainement incomparables et nulle part ailleurs on ne peut leur donner de concurrents pour ce qui est de leur saveur et de leurs qualités spéciales. Il n'y a qu'un Médoc au monde et qu'une Bourgogne sur terre : la Champagne ne connaît point de rivale. Aussi attendons-nous avec calme que les peuples enthousiasmés nous demandent ces produits et peut-être n'allons-nous pas assez les leur offrir et leur apprendre à en apprécier les qualités.

Mais la culture de la vigne est une de celles qui tentent le plus les hommes et il est peu de végétaux qui se soient mieux acclimatés dans les régions les plus diverses.

Qui ne connaît actuellement, outre les vignobles de Grèce, d'Italie et d'Espagne, pour ne citer que les principaux, ceux de Tunisie et d'Algérie, du Cap, de la Louisiane, de la Floride, de la République argentine, etc. ? Tout cela donne du vin, beaucoup de vin même. Il fut un temps où nos procédés de préparation rendaient la concurrence négligeable, mais nos ingénieurs et nos ouvriers ont apporté avec eux les moyens de perfectionnement qui ont permis d'obtenir des produits de meilleure qualité, et si ceux-ci n'ont pas la valeur de nos crus, on doit reconnaître qu'ils sont améliorés et dans tous les cas sont de saine qualité.

En ce qui concerne l'Espagne, les plus sérieux progrès ont été réalisés et avec d'autant plus de soins et de rapidité que nos frontières se sont fermées à des produits dont la France était le principal débouché.

Les vins espagnols ont été l'objet de soins indiqués par nos compatriotes et ont acquis une valeur bien supérieure à celle qu'ils possédaient autrefois. On les consomme sur place et, en dehors de quelques rares crus français vendus à des prix presque inabordables, on ne trouve dans le commerce et dans les hôtels que des vins de la *Rioja* ou du *Val de Peñas* fort bien traités et présentés avec l'allure de nos grands vins de France. Ce sont des *Château X*... ou Y.. bien servis, cachetés et étiquetés. Les prix en sont même assez élevés, jusqu'à 2 et 3 pesetas la bouteille. Certains portent des noms caractéristiques : *Rioja-Médoc*, *Rioja-Barsac*, etc.

Leur bouquet ne rappelle que de très loin celui de nos vins, mais il faut convenir qu'ils ne sont pas désagréables et que nos palais français s'y accoutument fort aisément. Dans le pays on les estime fort, on ne connaît plus les nôtres, le marché se suffit à lui-même. La classe riche de la société espagnole se sert des vins nationaux et les offre avec les mêmes cérémonies que s'il s'agissait de Médoc ou de Bourgogne.

Actuellement ce débouché nous est fermé; lorsque la situation douanière sera modifiée sous un régime plus libéral, il sera difficile à nos négociants et à nos propriétaires de reprendre une place enlevée par une concurrence prolongée, ayant permis, avec les perfectionnements à intervenir, de substituer un goût à un autre. La lutte sera certainement plus dure et le résultat en sera forcément douteux.

Les travaux de culture de la vigne sont fort intéressants à examiner dans certaines régions montagneuses où la vigne recouvre des flancs de montagnes ou de coteaux, ainsi qu'on peut le voir aisément dans le trajet d'Irun à Madrid. Afin de retenir les terres végétales que les eaux pluviales, rapidement torrentielles, ne manqueraient pas d'entraîner dans les vallées, vu l'absence de toute végétation arborescente, on a dû procéder à des travaux de soutènement des terres, simples mais ingénieux.

Utilisant les matériaux naturels si abondants sur place, puisqu'ils constituent d'immenses étendues à l'aspect triste et grandiose à la fois, on construit des petits murs à des niveaux différents par simple juxtaposition des fragments de roche. On forme ainsi une série de gradins, sorte de vastes escaliers, sur les marches desquels végètent les pieds de vigne. Cette façon de procéder est évidemment connue ailleurs; on peut voir cette disposition dans tous les pays où des conditions topographiques semblables provoquent les mêmes besoins. Mais ce qui fait l'originalité locale de la chose, ce sont les vastes espaces cultivés ainsi donnant l'impression de grands travaux d'art réalisés dans des régions d'accès très pénible. La nature géologique du terrain en rend cependant la réalisation bien simple et relativement facile.

Plus de 500 variétés de la vigne sont cultivées en Espagne. Certaines, outre les crus signalés plus haut, donnent des produits fort estimés et tout à fait spéciaux comme les vins de Malaga et de Xérès.

D'ailleurs le pays tout entier est favorable à la culture de la vigne, dont les produits varient avec les conditions géologiques et climatériques des régions. La partie nord de l'Espagne donne des vins de table ou de coupage; la partie sud, plus régulièrement chaude, dont le climat rappelle celui de l'Afrique, produit plus volontiers les vins liquoreux.

Les vins *del Ciego* dans les pays basques, de *Pampelune*, de *Puenta la Reyna*, de *Peralta* en Navarre, de *Logroño*, de *Miranda* en Vieille Castille; de *Tolède*, de *Guadalajara*, de *Val de Peñas* en Nouvelle Castille; de *Huesca* en Aragon; de *Mataro*, de *Villafranca* en Catalogne; ceux de la riche province de Valence et les vins de l'Andalousie forment une multitude de crus de plus en plus estimés, à mesure qu'ils sont mieux soignés.

Malgré la crise phylloxérique dont le résultat a été la destruction d'une grande partie des vignobles espagnols, la production est encore élevée. La reconstitution est pénible et parfois fort difficile, surtout en raison de la sécheresse de certaines régions et malgré les encouragements administratifs. Toutefois elle se fait et il faut encourager le développement de cette importante culture chez nos voisins.

Le commerce des raisins secs est aussi assez développé. Dans la région de Valence on fait sécher le raisin au soleil, on le presse ensuite en plaques livrées à la consommation, en paquets formés de feuillets de fruits à la façon d'un livre ou d'un album.

Les figues et les prunes constituent encore une branche de culture importante; l'exportation de ces fruits donne lieu à un mouvement considérable, dont la région valencienne tire de gros revenus.

Le commerce des oranges et des mandarines est trop connu pour qu'il soit utile d'insister, de même que les procédés de culture employés dans les vastes et belles orangeraies qui donnent au pays un aspect si particulièrement beau.

V

Madrid est une grande et belle ville; elle produit une impression favorable à l'étranger, même aux abords de la gare du Nord, contrairement à beaucoup de grandes villes où les stations de chemins de fer sont situées dans des quartiers où la vue est arrêtée par des constructions moins que luxueuses.

Le jardin de la gare, le parc du palais royal en face, une caserne de cavalerie plus haut, les écuries royales, la voie elle-même plantée d'arbres et sillonnée de voitures et de tramways, donnent un sentiment de vie, d'animation immédiatement agréables.

La *Puerta del Sol*, point de convergence de tous les tramways, avec son mouvement intense, donne assez bien l'illusion d'un coin animé de Paris. Les hautes et belles maisons qui l'entourent et encadrent le ministère de la *Gobernacion*, la lumière électrique n'ont pas la couleur locale que l'on s'imagine volontiers en songeant à l'Espagne. Ne serait le langage différent des hommes, rien ne rappellerait à l'étranger qu'il est séparé par une aussi grande distance de la frontière franco-espagnole. Rien! c'est peut-être un peu absolu! L'odeur âcre d'huile d'olives rappelle vite à la réalité.

Mais ce qui frappe surtout l'observateur, c'est le nombre considérable de gens paraissant n'avoir d'autre occupation que la promenade. Le matin, jusque vers 1 ou 2 h. de l'après-midi (13 ou 14 h., comme on dit officiellement en Espagne), les flâneurs sont nombreux qui déambulent de la *Puerta del Sol* vers la *Carrera de San Geronimo* et la *Calle de Alcala*. Puis de 3 à 5 (15 à 17 h.), même mouvement qui devient plus élégant à partir de 6 h. (18 h.), jusque vers 11 h. (23 h.). Dans cette partie de la journée, les chapeaux haut de forme sont arborés et deviennent légions, les équipages circulent sur les voies déjà signalées. Quelques-uns descendent complètement la Calle de Alcala pour aller jusqu'au *Parque de Madrid*, qui est un lieu véritablement charmant. Les théâtres ont adopté généralement les représentations par actes successifs, de telle sorte qu'il est facile de passer un instant au théâtre sans s'y renfermer toute une soirée. Ce système est très apprécié.

Les magasins sont en général très élégants, mais les étalages en sont masqués le plus souvent par les flâneurs qui ont pris l'habitude de s'adosser aux devantures pour regarder le défilé de la promenade.

Une enseigne qui frappe les yeux par la fréquence de sa répétition en lettres dorées, éclairées le soir ou peintes sur des globes électriques, est celle-ci : *Dinero por alhajas*. Ce sont des sortes de monts-de-piété particuliers, fort achalandés, dit-on. On en compterait 93 dans la seule ville de Madrid. Sous des noms différents, mais non moins expressifs, on retrouve cette institution ou plutôt ce commerce à Saragosse, Barcelone, etc.; on lit : *Caja de Prestamos*, ou simplement mais aussi clairement, *Prestamos*.

A côté d'un luxe considérable déployé au dehors et dans les habitations, la misère s'étale dans toute sa tristesse. Les mendiants harcelant le passant sont légion; cette industrie gagnerait à être plus discrète ou à être interdite pour être remplacée par un service d'assistance relevant à la fois l'être physique et l'être moral. Saragosse et Séville sont volontiers citées pour la bonne organisation de l'Assistance publique.

Les fontaines publiques sont des lieux de rendez-vous où s'engagent des parlottes interminables; il n'est pas rare de voir des gens, hommes ou femmes, venir puiser de l'eau et rester deux bonnes heures devant la borne-fontaine. Le temps pour beaucoup de gens du peuple semble avoir une valeur de bien peu d'importance.

Une coutume très répandue en Espagne, et dont la valeur esthétique est plutôt négative, consiste à étendre le linge aux fenêtres pour le faire sécher. Les grandes voies ne présentent point ce spectacle, mais les rues secondaires et les cours intérieures des habitations sont littéralement tapissées de loques de toutes catégories. Au point de vue hygiénique, on pourrait trouver mieux. L'entretien même de ces cours intérieures gagnerait à être soumis à la surveillance sévère de commissions sanitaires. De très belles habitations de Saint-Sébastien, ayant grande allure sur la rue, étonnent péniblement celui qui pénètre à l'intérieur. On ne transforme pas en un coup de main des mœurs séculaires, mais étant donné l'enseignement général et constant des notions d'hygiène, leur diffusion se fait rapidement et il n'est pas téméraire d'admettre une modification favorable dans un avenir assez rapproché.

Et puisque l'hygiène est invoquée dans ces courtes notes, que ne prend-on partout l'exemple de Barcelone dans l'aménagement des villes nouvelles ou plutôt dans les portions neuves des villes ? Certes, il n'est pas donné en beaucoup de cités d'avoir une citadelle à transformer en un parc magnifique comme celui de la *Ciudadela*, mais disposer de larges voies plantées d'arbres, établir de nombreuses places par la disposition à pans coupés des maisons situées à l'intersection des rues, est réalisable. Aussi quel cachet particulier présente cette nouvelle ville où l'air circule largement. Tramways électriques, voitures de tous genres, piétons sillonnent en tous sens ces belles et larges voies, dans lesquelles l'ardeur du soleil est tempérée par les feuillages touffus d'arbres bien entretenus.

Une mention toute spéciale mérite d'être faite à l'éclairage public. L'électricité est généralement utilisée; il est très fréquent de voir de toutes petites localités, de simples villages, éclairés à la lumière électrique. Dans l'intérieur des maisons, il en est très souvent de même. Plus tard venus aux bienfaits du confort moderne, ces pays, que nul contrat ne liait aux systèmes précédents, sont arrivés d'emblée aux plus récents, aux plus désirés. Telles certaines populations passent brusquement de l'âge de la pierre à celui du fer.

Quel merveilleux enchantement qu'une promenade le soir dans les rues de Barcelone, brillamment éclairées par de puissants globes électriques. L'effet des rues plus étroites de la vieille ville dans lesquelles les globes sont suspendus dans l'axe de la voie est des plus ravissants, on a l'illusion d'une continuelle illumination.

Les rues bien éclairées, les magasins élégants et brillants, sous un ciel d'une transparence incomparable dans lequel l'éclat des étoiles est si vif, attirent la population au dehors. Il y a longtemps que chez nous les paisibles bourgeois sont plongés dans la douceur du culte de Morphée, tandis que toute la ville est encore dehors. On consulte sa montre, on est tout surpris que 23 heures soient sonnées, alors que l'on se croyait aux environs de 19 heures. Celui qui se laisse ainsi surprendre oublie parfois l'heure du dîner.

VI

Puis il semble que l'heure des rencontres suspectes ne doive pas sonner. Les agents de police, par groupes de deux (*parejas*), munis du sabre et du revolver, sont nombreux et répartis en des points assez rapprochés les uns des autres. En passant il convient de rendre hommage à leur aménité ; à la première réquisition, ils s'empressent de renseigner le promeneur ou l'étranger qui s'adresse à eux pour obtenir un renseignement.

De temps en temps une patrouille de gardes à cheval ou de cavaliers donne l'impression que la surveillance des rues est assurée. Les gardes civils, dont le costume noir à parements rouges avec une coiffure rappelant celle bien connue et aujourd'hui disparue de nos gendarmes, nous font quelque peu l'effet de gendarmes d'opérette, concourent au service général de la police. Il est à remarquer que tous paraissent très jeunes, ce qui établit un contraste sensible avec nos gendarmes dont la majorité ont moustaches et cheveux gris.

Bien que ne chantant plus les heures et l'état de l'atmosphère. les *serenos* constituent encore un des rouages de la vie nocturne en Espagne.

Enveloppé d'une grande *capa*, muni d'une pique et d'une lanterne, le *sereno* porte à la ceinture les clés de tous les immeubles du groupe dont il est l'agent. Veut-on rentrer chez soi après la fermeture des portes, on l'appelle et sa lanterne signale bien vite l'endroit où il séjourne ; il vient ouvrir, accompagne dans l'intérieur l'habitant du rez-de-chaussée ou remet à celui des étages supérieurs une longue allumette-bougie permettant de s'éclairer jusque chez soi. Il s'assure aussi que les devantures des magasins sont bien closes.

Grâce à lui surtout, on ne se sent pas isolé dans les rues la nuit et l'idée d'un danger quelconque ne vient pas à l'idée du promeneur attardé.

Que n'introduit-on chez nous cette sage et utile institution dont les services sont si évidents !

VII

L'armée espagnole a conservé dans sa tenue une certaine élégance que l'on n'a plus en France, où la tenue dite de campagne semble devenir de plus en plus la seule et remplacer toutes les autres. Sans entrer ici dans la discussion de son organisation ou de sa valeur technique, tout en rappelant qu'elle est considérée comme une réunion d'excellents et vaillants soldats, on peut dire qu'elle a belle allure. Fantassins ou chasseurs, hussards ou lanciers, artilleurs ou troupes du génie, tous produisent une excellente impression.

Le port du sabre, chez les officiers et les cavaliers, a ceci de particulier qu'au lieu de se faire sur le côté et un peu en arrière comme chez nous, il se fait sur la région antéro-latérale de la cuisse. Cette particularité semble bizarre à nos yeux, habitués à une allure plus gentilhommesque.

En tenue de ville, les officiers sont pourvus d'une épée effilée à gaine de cuir et à poignée en forme de croix. En service l'officier porte le hausse-col et une canne ; encore une particularité qui ne manque pas de nous frapper.

Le soldat est armé du fusil Mauser, dont le sabre-baïonnette tient plutôt du couteau que du sabre. Il rappelle celui de nos servants d'artillerie.

Les tambours sont très plats, à l'instar de ceux de l'armée allemande, et rendent un son assez différent des nôtres. On dirait plutôt le bruit de baguettes frappant une pièce de bois que la sonorité de nos classiques « peaux d'âne ».

Le clairon, de petites dimensions, émet des sons aigus et criards qui font préférer ceux clairs et éclatants de notre armée française.

Mais ce sont là questions de détails et de peu d'importance. Le soldat espagnol a les qualités de sa race, il est aisé de se rendre compte de son endurance. Il suffit pour cela d'assister à la relève de la garde au Palais Royal de Madrid.

Cette cérémonie a lieu vers onze heures du matin dans la grande cour d'honneur, où pas un seul arbre ne donne un peu d'ombre bienfaisante. Pour quiconque voit défiler dans ce vaste quadrilatère la garde montante et la garde descendante aux sons de la *Marcha réal,* les voit rester immobiles sous un soleil de plomb, ce pendant que les musiques jouent alternativement jusqu'à la relève totale des sentinelles du palais, il se dégage une impression très nette de la résistance physique de ces troupiers.

Dans l'angle de la cour où nous nous étions refugiés pour assister à cette cérémonie, alors que nous résistions à grand' peine à la chaleur d'un soleil que pas un nuage ne voilait, nous admirions ces jeunes gens que nous craignions à chaque instant voir subir l'action d'un coup de chaleur. Il n'en a rien été et l'on nous a assuré que les accidents sont très rares pour ne pas dire inconnus.

Le pas de parade pris par la troupe et cadencé par la marche royale est encore, pour nous, Français, une nouveauté. Cette allure spéciale n'affecte point l'intensité exigée dans l'armée allemande, elle a quelque chose de religieux plutôt que de militaire. En France, où nous n'en avons pas l'habitude, une telle coutume exciterait la verve des « loustics ».

Le drapeau national, dans une troupe en marche, est placé sur l'épaule de l'officier qui a l'honneur de le porter. Cet usage ne semble pas aussi heureux que le nôtre, qui fait claquer au vent les couleurs de la Patrie. Mais il n'enlève rien du dévouement des soldats à l'image sacrée du pays ; nous constatons sans critiquer, et vraiment il n'y aurait pas matière à le faire.

VIII

L'instruction publique en Espagne est un sujet d'études fort intéressant ; mais, pour en parler avec tous les développements dont il est susceptible et digne, un long séjour dans le pays paraît indispensable. Signalons seulement que nombre d'écoles populaires ne semblent pas remplir les desiderata fort légitimes des hygiénistes modernes.

Rappeler ici les succès bien connus des écoles françaises de Saint-Sébastien, de Madrid et de Barcelone est un juste hommage rendu à l'institution de ces établissements. A Barcelone, en particulier, le nombre d'enfants admis est bien inférieur à celui des demandes ; mais, si en toutes choses il faut être prudent, dans cet ordre d'idées il est de toute nécessité de savoir se borner.

Dans les chapitres précédents nous avons été amené à dire quelques mots de l'enseignement supérieur au sujet des leçons de chimie à la Faculté des Sciences de Saragosse. La Faculté de Médecine nous a montré de très intéressantes installations; la clinique et le laboratoire s'y coudoient heureusement dans de très modernes installations L'enseignement de la pharmacie nous a plus particulièremen arrêté, en raison même du but de notre voyage qui était surtout de voir les jardins botaniques dans leurs rapports avec les études pharmaceutiques et médicale s.

Barcelone, Grenade, Salamanque et Madrid ont des Facultés de Pharmacie, mais le titre conféré est celui de licencié Seule la Faculté de l'Université centrale de Madrid peut conférer le titre de docteur.

Le programme général comporte l'étude de la physique, de la chimie, de la zoologie, de la botanique, de la minéralogie et de la législation pharmaceutique répartie sur quatre années de cours, dont la première est dite année préparatoire. Les travaux pratiques ne comprennent pas la micrographie ni la bactériologie ; cette dernière n'est d'ailleurs abordée que dans la période du doctorat qui fait l'objet d'une cinquième année d'études, dont le programme comporte l'histoire de la pharmacie, la chimie biologique et la bactériologie.. C'est un professeur (*Catedratico*) de la Faculté de médecine de Madrid qui est détaché à cet effet. En réalité nos programmes français sont plus étendus, les enseignements plus nombreux et nos pharmaciens de 1re et 2e classes reçoivent une instruction théorique et pratique complète. En France, le titre de docteur universitaire est conféré après production d'une thèse originale, sans nouveaux enseignements. Chez nous tous les pharmaciens font des études bactériologiques et signalons ce fait que Bordeaux a organisé le premier, en France, cet enseignement pratique.

Un détail en passant : les *catedraticos* espagnols ne disent point qu'ils font leur *cours*, ils font la *classe* ; les élèves sont *en classe* de telle heure à telle heure. Ce n'est qu'une affaire de mots, mais l'expression étonne l'oreille française qui depuis la sortie du Lycée n'entend résonner que le mot *cours*.

IX

Les jardins botaniques sont les auxiliaires obligés de nos Facultés de médecine, de nos Ecoles de pharmacie et de nos Facultés des sciences. Les jardins botaniques généraux et les Jardins coloniaux sont nombreux chez nous et sont l'objet des soins très assidus de l'Etat, des Villes et des Universités. Voyons leur situation en Espagne.

MADRID. — Le jardin botanique de Madrid relève de l'Université ; il est administré par un directeur-professeur, M. F. TREDILLA, assisté d'un chef jardinier et d'un personnel ouvrier. Dans le même bâtiment, le professeur DON EDUARDO REYES, professeur de Phytographie à la Faculté des sciences, donne son enseignement et dirige une très intéressante et très riche bibliothèque spéciale. Ce sont surtout des candidats à la licence ès-sciences naturelles et quelques amateurs qui suivent ce cours de botanique. La Faculté de médecine n'utilise pas le concours du jardin, les étudiants n'ayant pas dans leur programme l'enseignement des sciences naturelles qui se fait pour eux dans une année préparatoire à la Faculté des Sciences, rappelant en quelque sorte l'organisation de notre P. C. N. Les élèves de la Faculté de pharmacie peuvent se rendre au jardin botanique ; mais, dans la pratique, des plantes médicinales sont envoyées par les soins du Directeur du Jardin à cette Faculté, pour le service des cours et des examens.

La botanique tient une place relativement restreinte dans l'enseignement des futurs licenciés en pharmacie. Il n'est donc pas étonnant que les cultures soient très diverses et que les plantes médicinales ne constituent aucun service particulier, tandis qu'à Bordeaux le jardin de la Faculté de médecine et de pharmacie est exclusivement réservé aux plantes utilisées en médecine ou ayant un intérêt médical.

Toutefois, on rencontre à Madrid des variétés de plantes médicinales intéressantes et j'ai pu rapporter les graines d'un certain nombre d'espèces utiles.

Comme dispositions générales, ce jardin n'offre rien de

particulier : c'est plutôt un vaste parc, très ombragé, trop ombragé même, disent les professeurs qui en ont la charge, dans les magnifiques allées duquel les promeneurs peuvent trouver le repos à l'abri du soleil. Les cultures botaniques proprement dites sont divisées en quatre groupes ou écoles disposés chacun en rectangles limités par des allées de grands arbres. La classification adoptée est celle de de Candolle. Dans la disposition des plantations on ne s'est nullement préoccupé d'une esthétique quelconque. Chaque carré secondaire est entouré d'une rigole permettant l'irrigation totale ou partielle des cultures, car l'arrosage tel qu'il est pratiqué chez nous ne se fait pas. Aucune allée n'est réservée entre les massifs pour le passage des étudiants ou des jardiniers en dehors de la longue allée centrale.

Le climat sec, la température souvent très élevée et très variable de Madrid expliquent dans une certaine mesure l'utilité des grands arbres signalés plus haut, mais véritablement il y en a trop ; il semble en découler une préoccupation beaucoup plus grande du coup d'œil général que de la destination exacte de cet important service de l'Université.

Les serres dans lesquelles sont pratiquées les cultures de plantes spéciales et les germinations sont adossées à un mur et ne présentent rien de particulier, soit comme agencement, soit comme construction générale.

Faute de crédits suffisants, disent les professeurs, ils n'ont pas de laboratoire à leur disposition et là, pas plus qu'à la Faculté de pharmacie, n'existe d'enseignement pratique de la micrographie, service très important dans nos Ecoles ou Facultés mixtes françaises.

Une curieuse coutume, résultant d'un édit du roi Charles III lors de la création du jardin botanique, persiste encore à l'heure présente ; tous les jours, à 2 heures de l'après-midi, des plantes médicinales sont distribuées aux indigents de la ville qui en font la demande.

Saragosse. — A Saragosse, qui possède une Université, sans Faculté de pharmacie, il n'existe aucun jardin botanique.

Il y en avait un, appartenant à la municipalité, mais depuis déjà plusieurs années il n'est l'objet d'aucun entretien et est absolument en friche. C'est dire que l'enseignement de la botanique est réduit à sa plus simple expression dans une ville où, cependant, il serait facile d'obtenir des plantes nombreuses et variées, tant par la nature du sol que par les facilités d'irrigation et la riche végétation de cette partie de l'ancien royaume d'Aragon.

Barcelone. — L'Université de Barcelone comporte une Faculté de Pharmacie ; celle-ci, comme la Faculté des Sciences située dans le même bâtiment, est pourvue d'un jardin botanique. Ces deux jardins, situés dans les bâtiments mêmes de l'Université, sont très petits et abondamment pourvus de grands arbres donnant beaucoup d'ombre ; les plantes d'étude sont plutôt là à titre d'indication qu'à titre de culture. Il est bon de constater que des éléments de travail sont ainsi placés à la portée des étudiants et mettent facilement des matériaux à la disposition des enseignements de la botanique dans les deux Facultés.

Nulle installation de jardin botanique n'existe dans le magnifique parc de la Ciudadela de Barcelone, et, jusqu'ici la Municipalité de la grande ville catalane ne semble pas s'être préoccupée de semblable création. On ne peut que regretter une telle lacune et souhaiter qu'elle soit bientôt comblée.

Valence. — A Valence, le jardin botanique relève de l'Université. Placé aux portes de la ville, il occupe une superficie de 4 hectares; il est dirigé par le professeur Juan Codoner, assisté d'un chef de culture et de six ouvriers.

Etant donnée la situation de cette ville, la végétation générale est superbe. Le coton y est bien acclimaté et les canneliers y viennent facilement ; d'ailleurs, trois serres à températures diverses permettent l'entretien et l'élevage de plantes rares. Là encore, c'est plutôt un ensemble de plantes ornementales qu'une réunion de produits utiles à l'art de guérir.

Au jardin botanique de Valence, la culture des plantes médicinales n'est point non plus l'objet des principales préoccupations. Sur les 3,900 espèces environ qui y sont actuellement cultivées, il n'y en a guère plus de 400 appartenant à ce groupe.

Il constitue une section à part, séparée de l'école botanique. Aucune chaire ni aucun laboratoire ne sont joints à ce jardin assez éloigné de l'Université.

Une seule chaire, dont le titulaire enseigne à la fois la zoologie, la minéralogie et la botanique, est ouverte aux étudiants du cours préparatoire pour les Sciences, la Médecine et la Pharmacie.

Comme à Madrid, les plantes médicinales usuelles sont délivrées aux classes populaires.

X

D'une façon générale, la botanique tient une place très restreinte dans l'enseignement de la pharmacie et, dans les Universités où n'existe pas de Faculté de Pharmacie, la botanique médicale paraît à peu près complètement négligée.

En somme, tout ou à peu près est à faire en ce qui concerne l'enseignement pratique et théorique de la botanique en Espagne.

Ou bien ce sont, comme à Madrid et à Valence, de beaux parcs dans lesquels la matière végétale médicale est un accessoire ou, comme à Barcelone, des jardins d'importance très restreinte.

Les professeurs se plaignent d'installations défectueuses et incomplètes dues à l'insuffisance des crédits mis à leur disposition. Les Universités en effet sont logées dans de beaux palais, dont l'installation intérieure ne répond pas toujours aux besoins actuels de la science et de l'enseignement ; Saragosse mérite toutefois une mention spéciale. Il y a cependant là des hommes ayant un ardent désir de travailler et il faut souhaiter qu'on leur en donne promptement les moyens.

On arriverait ainsi à donner aux médecins et surtout aux pharmaciens un enseignement théorique et pratique, indispensable à ceux qui sont chargés d'utiliser les produits de la nature pour les prescriptions ou la confection de remèdes dont l'activité est parfois très grande.

Nos jardins botaniques sont mieux compris et mieux adaptés aux besoins de ceux qui les fréquentent. En Espagne, les établissements de ce genre de quelque importance peuvent être utilisés à la fois par ceux ayant en vue les matières ornementales, les cultures industrielles, coloniales ou médicinales. Il y a trop dans trop peu.

Et cependant, quels beaux et utiles jardins coloniaux pourraient être utilement dotés dans ce pays où la flore européenne coudoie la flore africaine, dans des conditions de terrain et de climat éminemment favorables. Des jardins médicinaux seraient, pour la matière médicale, de précieux réservoirs et de magnifiques champs d'études.

A ce point de vue, nos médecins et pharmaciens français ont à leur disposition des éléments dont on ne saurait nier de bonne foi la valeur et l'importance. C'est une constatation agréable à faire, même dans le cadre restreint où nous nous sommes placé.

En beaucoup d'autres circonstances il en est de même, mais nous ne savons pas nous rendre justice. S'il faut savoir reconnaître ce qui est mieux à l'étranger pour en faire son profit, il est bon de ne pas décrier systématiquement les choses de chez nous, plus justement appréciées par les étrangers.

En ce qui concerne l'Espagne, ce pays donne l'impression d'un peuple vivant surtout de souvenirs et essayant de prendre dans le monde une place qu'il peut ambitionner par ses traditions, par son sol, par son climat, par le caractère même de ses habitants. Il semble que le réveil soit un peu lent et que quelque chose l'étreigne dans son essor vers le mieux. Ce ne sont là que des apparences. L'Espagne marchera bientôt à pas rapides, suivant en cela l'exemple des autres nations et seuls en seront surpris ceux que tout progrès est susceptible d'étonner.

Dr GILBERT LASSERRE.

www.ingramcontent.com/pod-product-compliance
Ingram Content Group UK Ltd.
Pitfield, Milton Keynes, MK11 3LW, UK
UKHW021029220726
13924UKWH00001B/196